A

MATTER OF

FACT

BY

STEPHANIE M. CAPTAIN

A COLORING BOOK OF
TRACING & LETTER RECOGNITION

A

Find and color the letter A

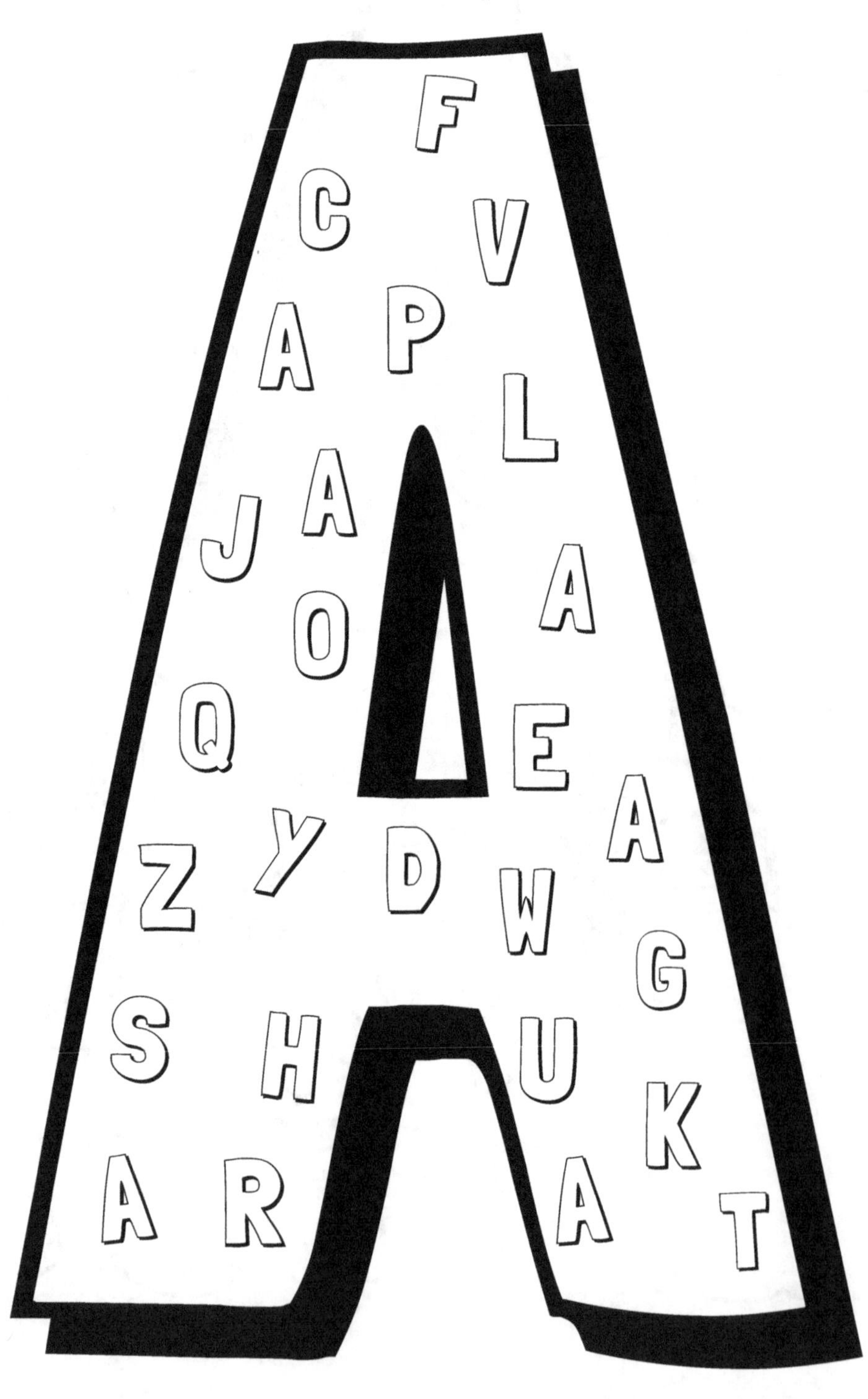

Trace the letter

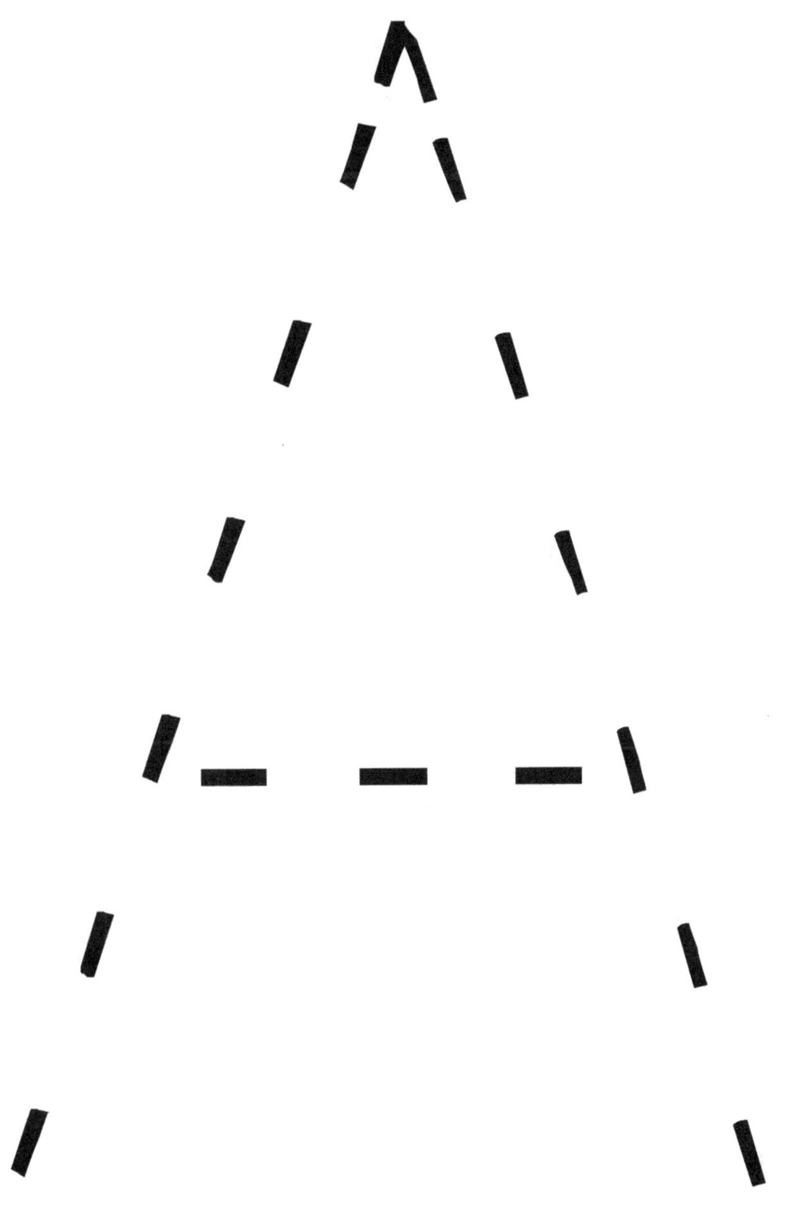

Trace the letter

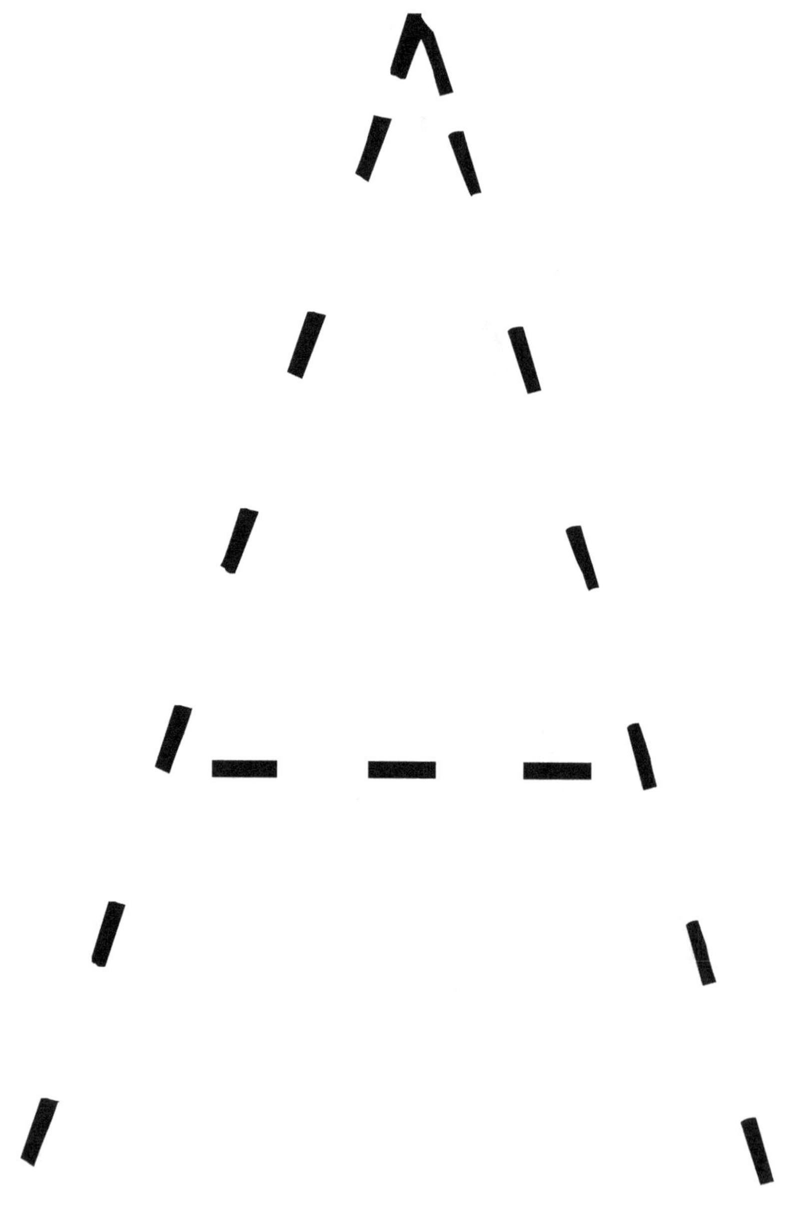

Trace the letter

Trace the letter

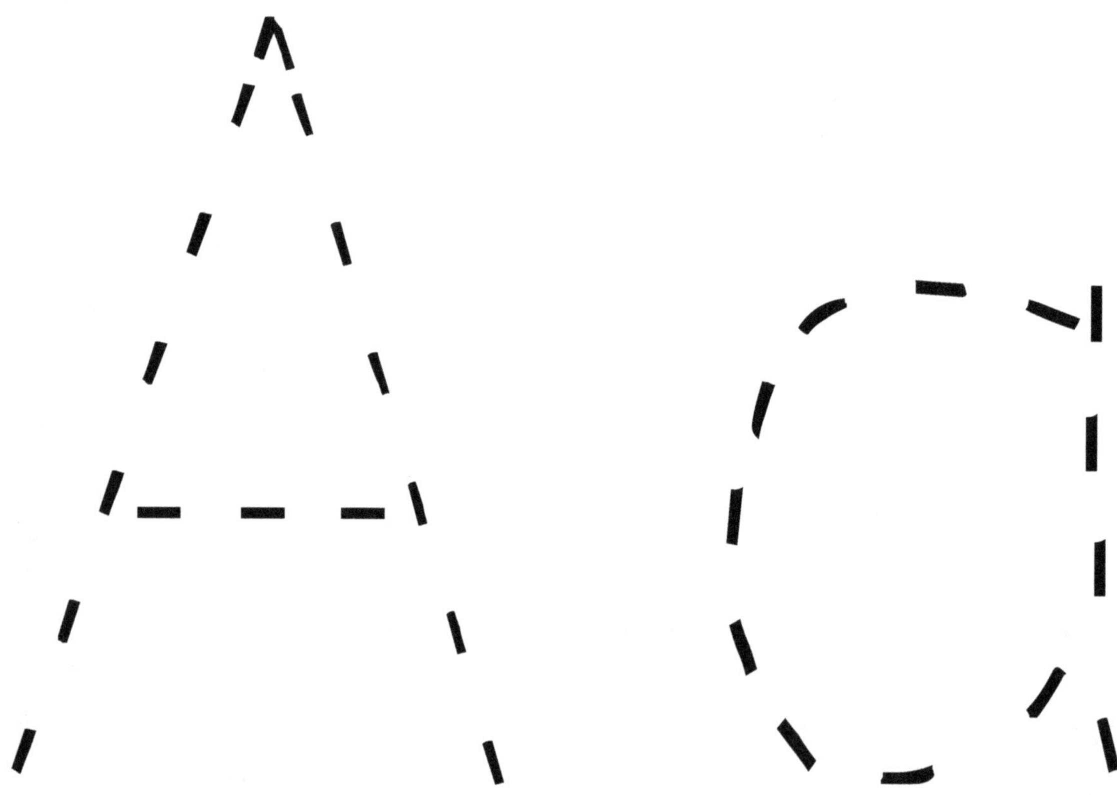

Aa

Ant

A A A A A A A A A A

a a a a a a a a a a

Aa Aa Aa Aa Aa Aa Aa

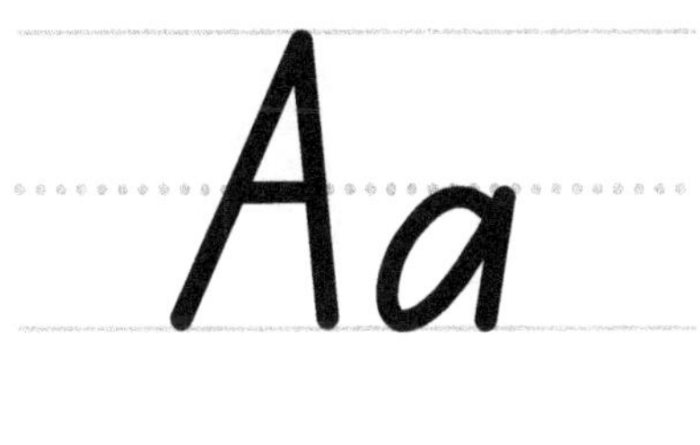

Arm

Apple

Anchor

Airplane

Aa

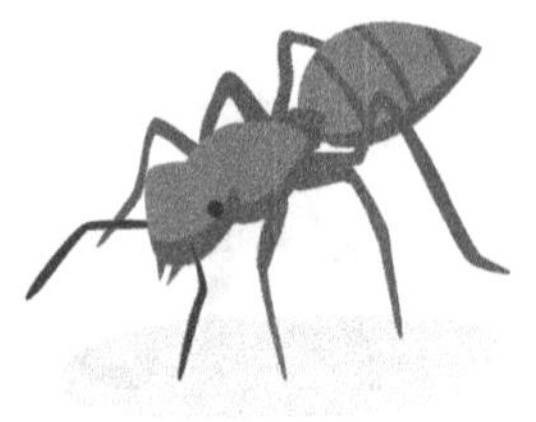

Ant

A A A A A A A A A A A A

a a a a a a a a a a a a a a a a a a a a a a a

Aa Aa Aa Aa Aa Aa Aa Aa Aa Aa Aa Aa Aa

Trace these words that begin with the letter A:

Arm

Apple

Anchor

Airplane

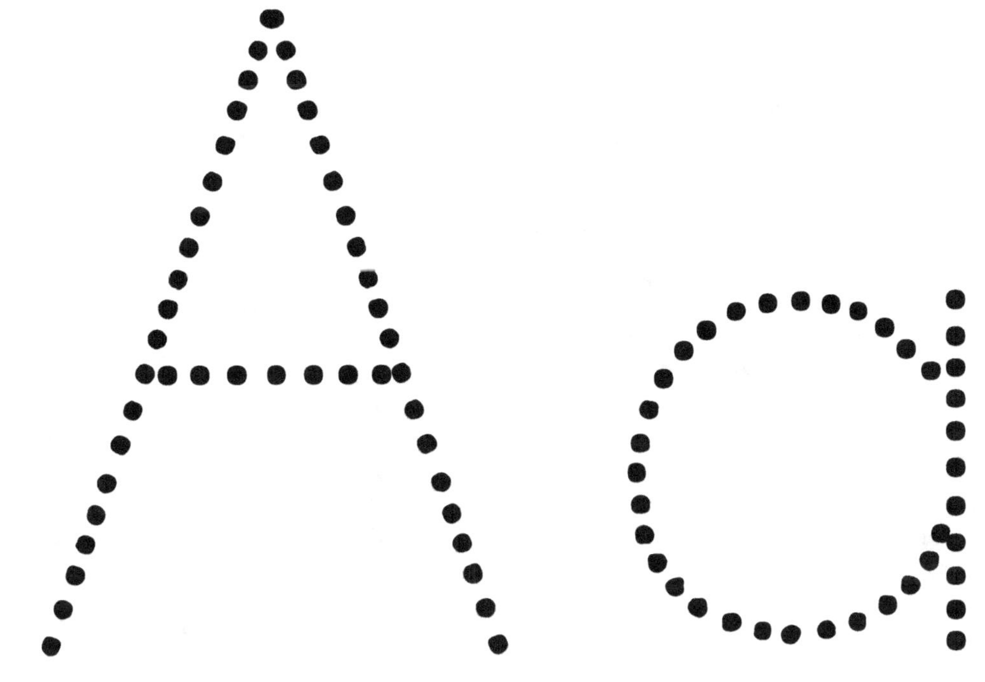

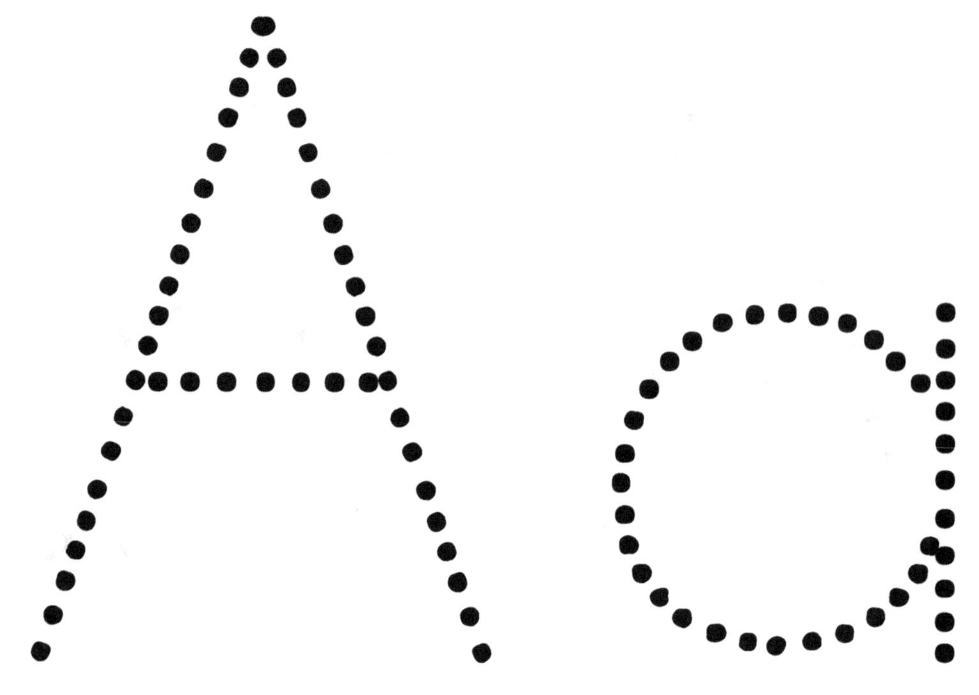

A

a

A

a

A a A a A a A a

Aa Aa Aa Aa

Letter A

Letter A

THE LETTER A

Trace the letter A:

Write an upper and lower case letter A:

Colour all the items that begin with the letter A:

THE LETTER A

Trace the letter A:

Write an upper and lower case letter A:

Colour all the items that begin with the letter A:

Aa

apple

Aa

apple

 Armadillo

A

A

a

Armadillo

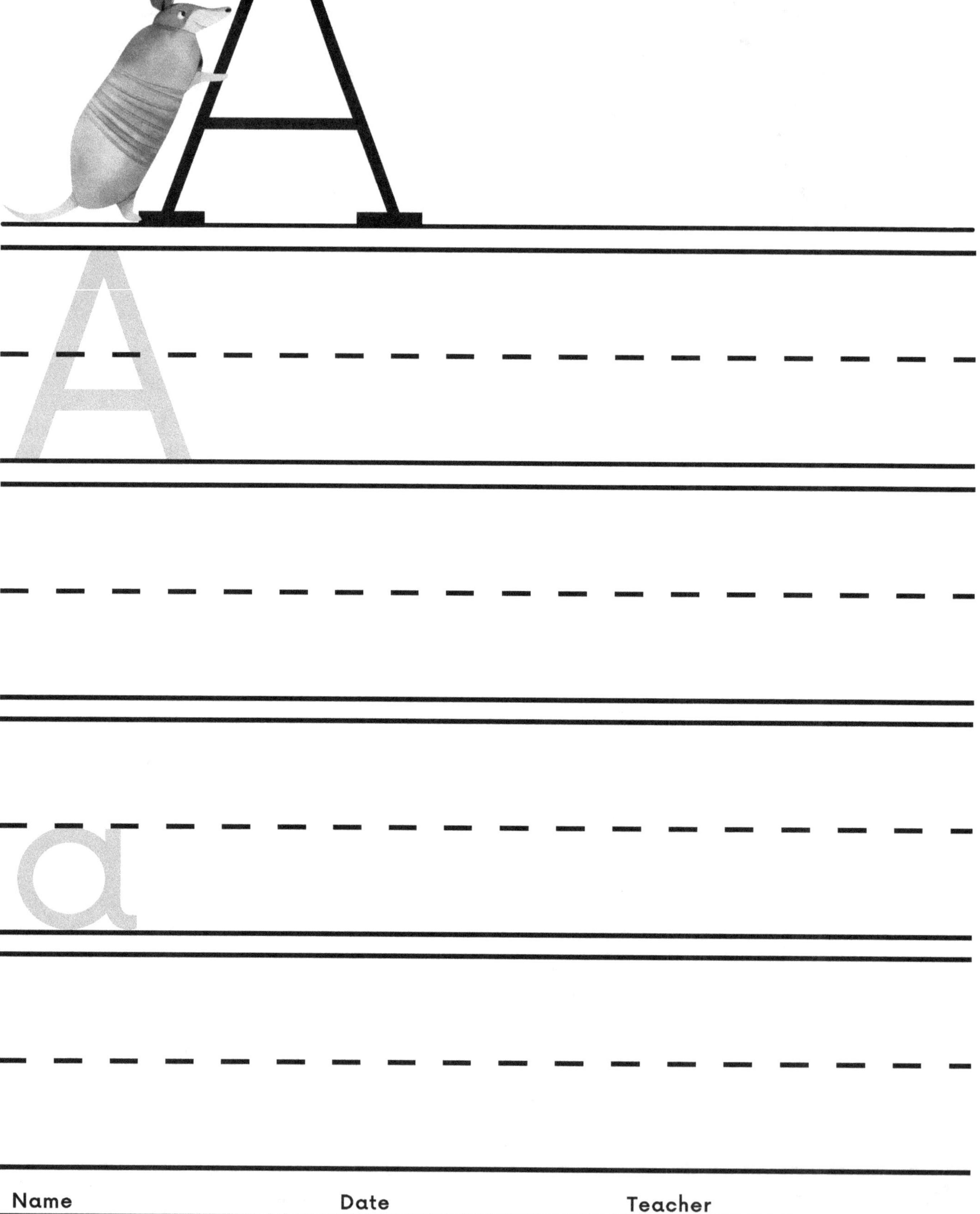

Name   Date   Teacher

Aa

A A A A A A

a a a a a a

A

a

Aa

A A A A A A

a a a a a a

A

a

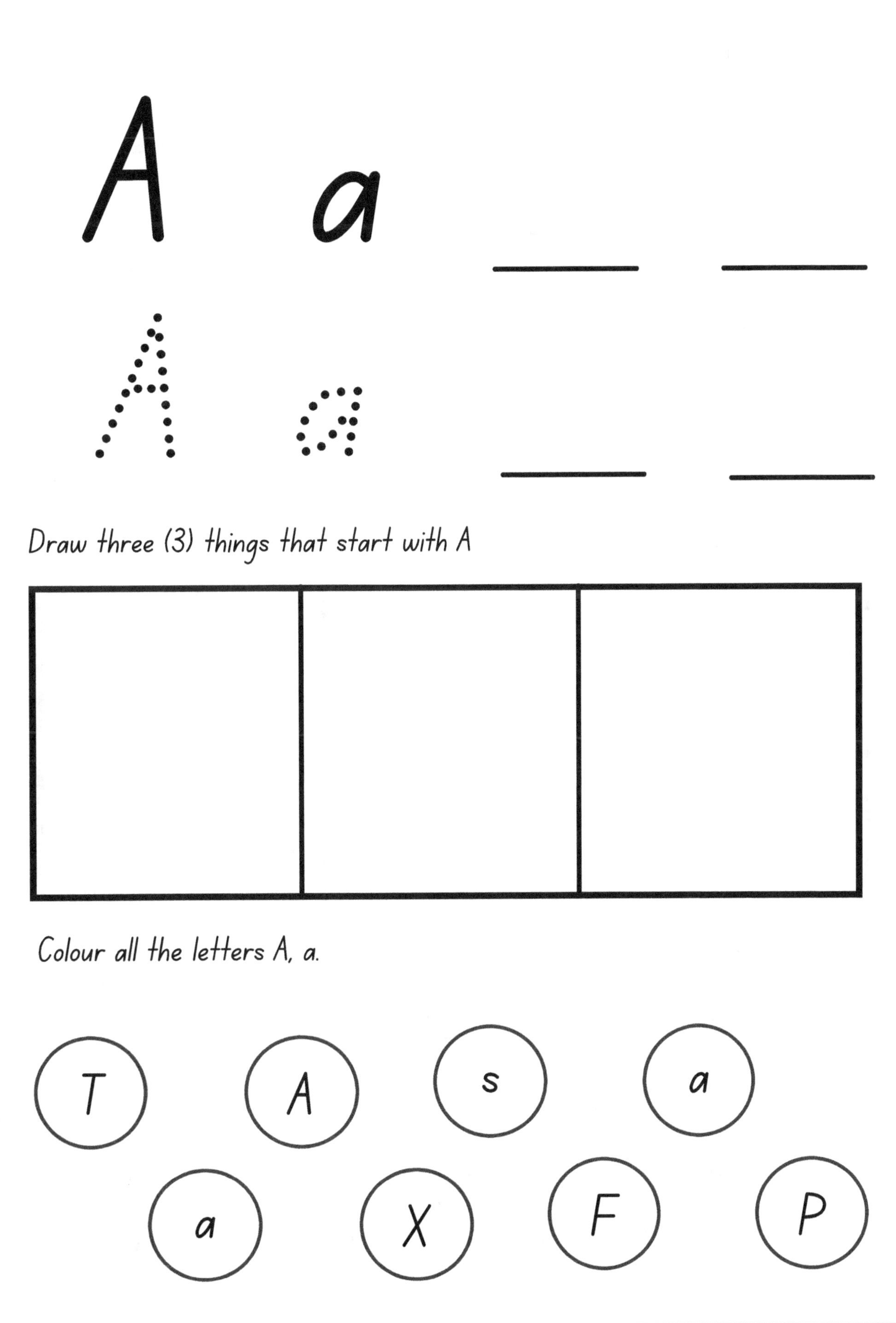

A a
A a
Draw three (3) things that start with A
Colour all the letters A, a.
T
A
s
a
a
X
F
P

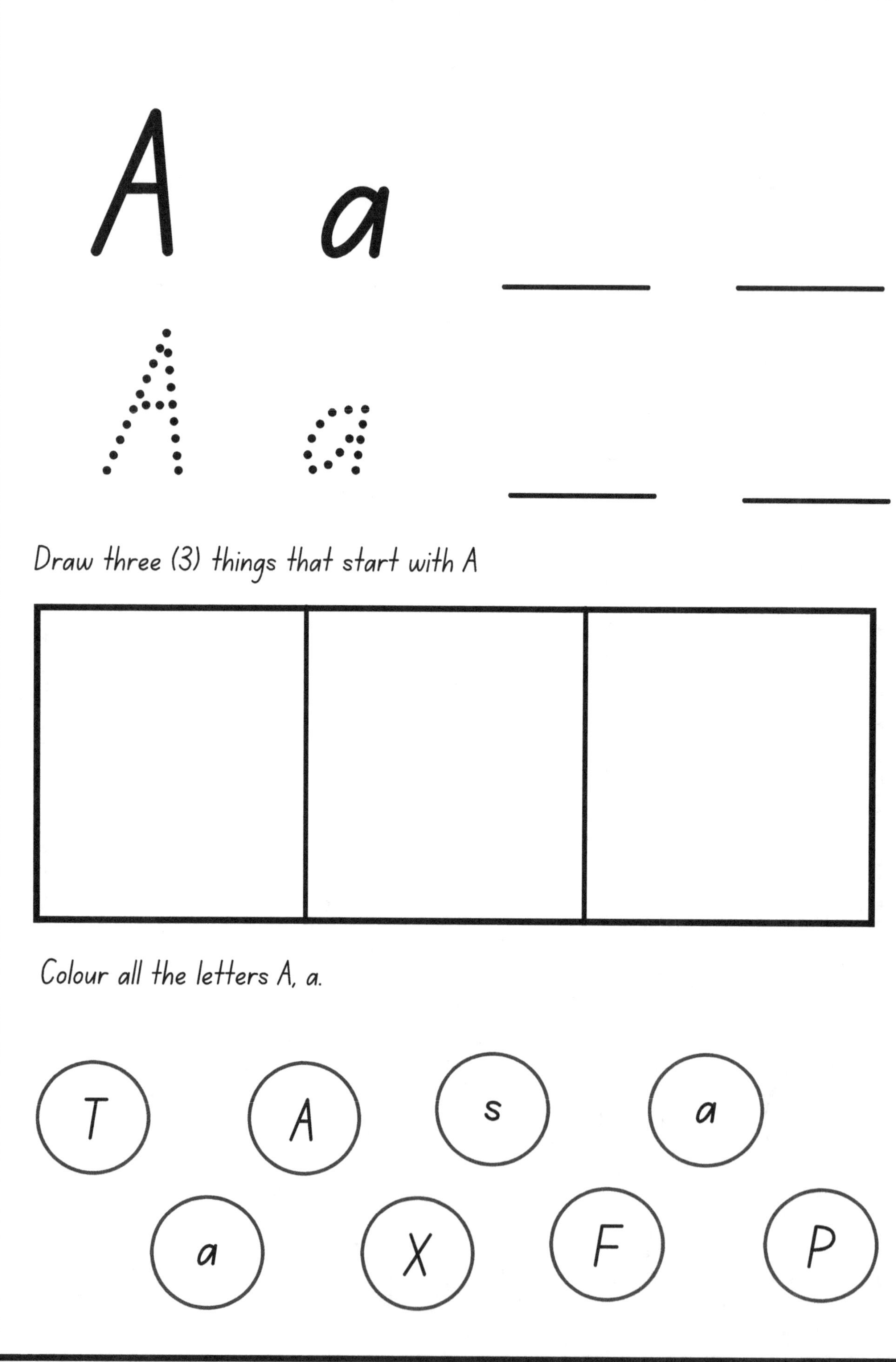

A a
A a
Draw three (3) things that start with A
Colour all the letters A, a.
T
A
s
a
a
X
F
P

TRACING LETTERS

TRACING
LETTERS

TRACING
LETTERS

A is for 🍎

Aa Aa Aa Aa Aa

Aa Aa Aa Aa Aa

at at at at at

all all all all all

and and and and

A is for 🍎

Aa Aa Aa Aa Aa

Aa Aa Aa Aa Aa

at at at at at

all all all all all

and and and and

A is for

Aa

Aa

at

all

and

Letter A

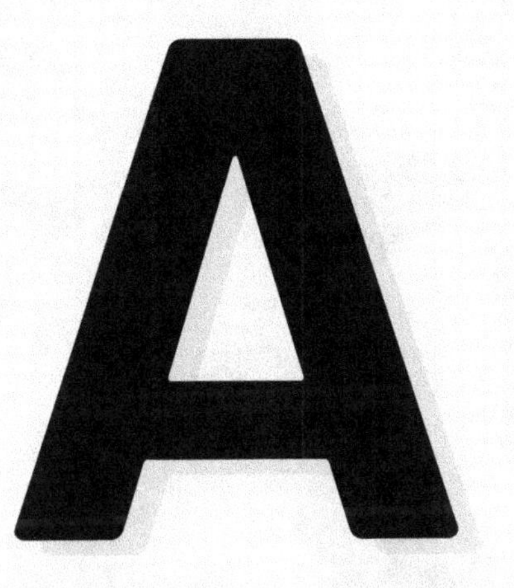

Letter A

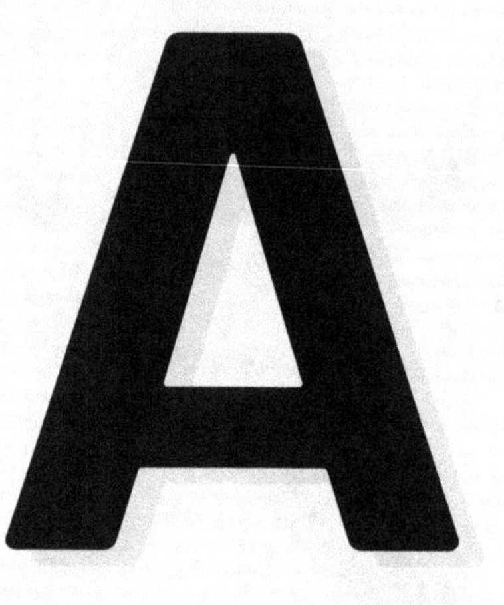

Letter A

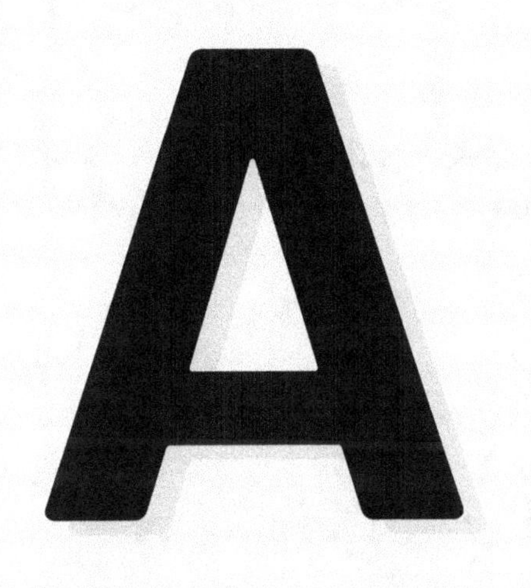 

A is for
Astronaut

A is for
Astronaut

BRILLIANTHUMANS.ORG

For more books by
Stephanie M. Captain

find us on Amazon

INFO@STEPHANIECAPTAIN.ORG

copyright 2021